All Kinds of Jo

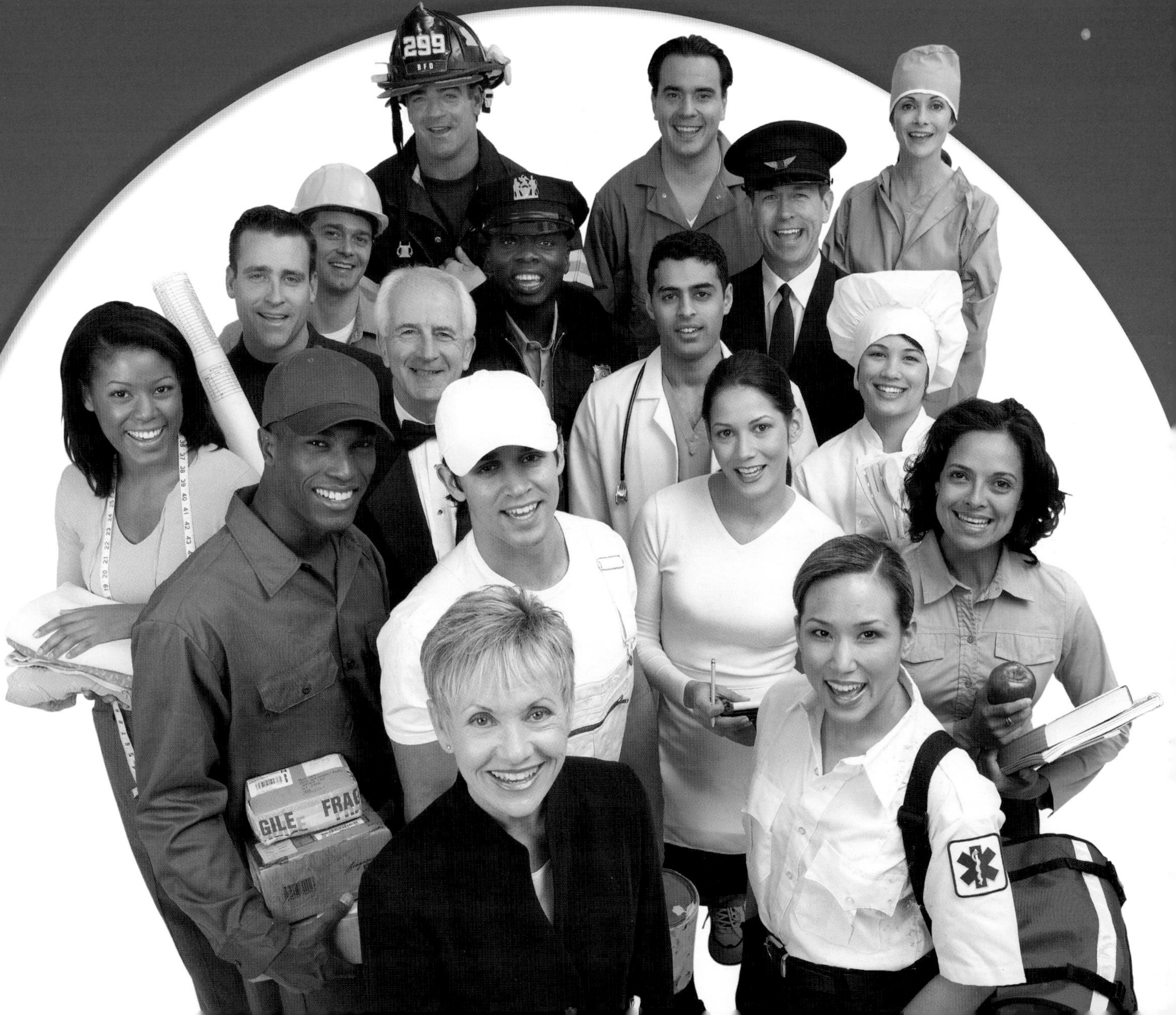

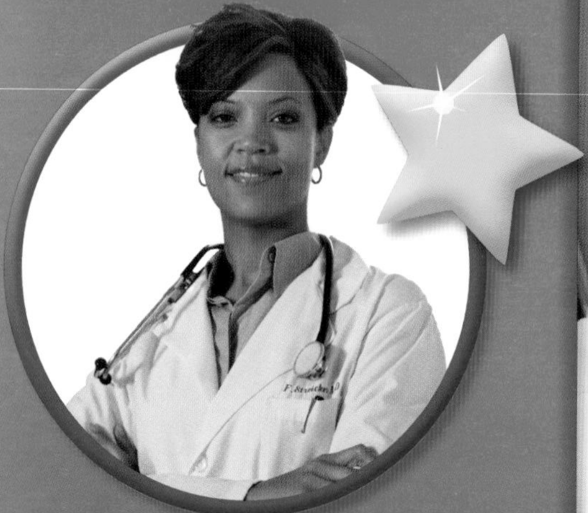

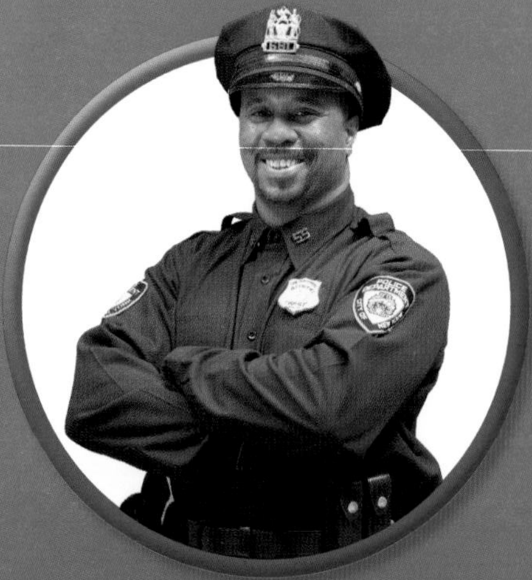

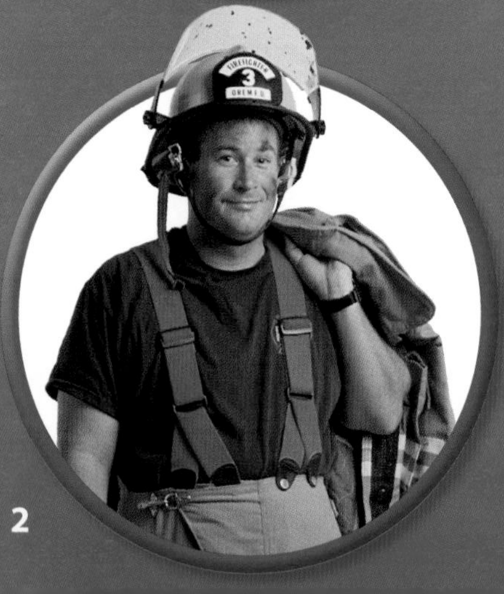

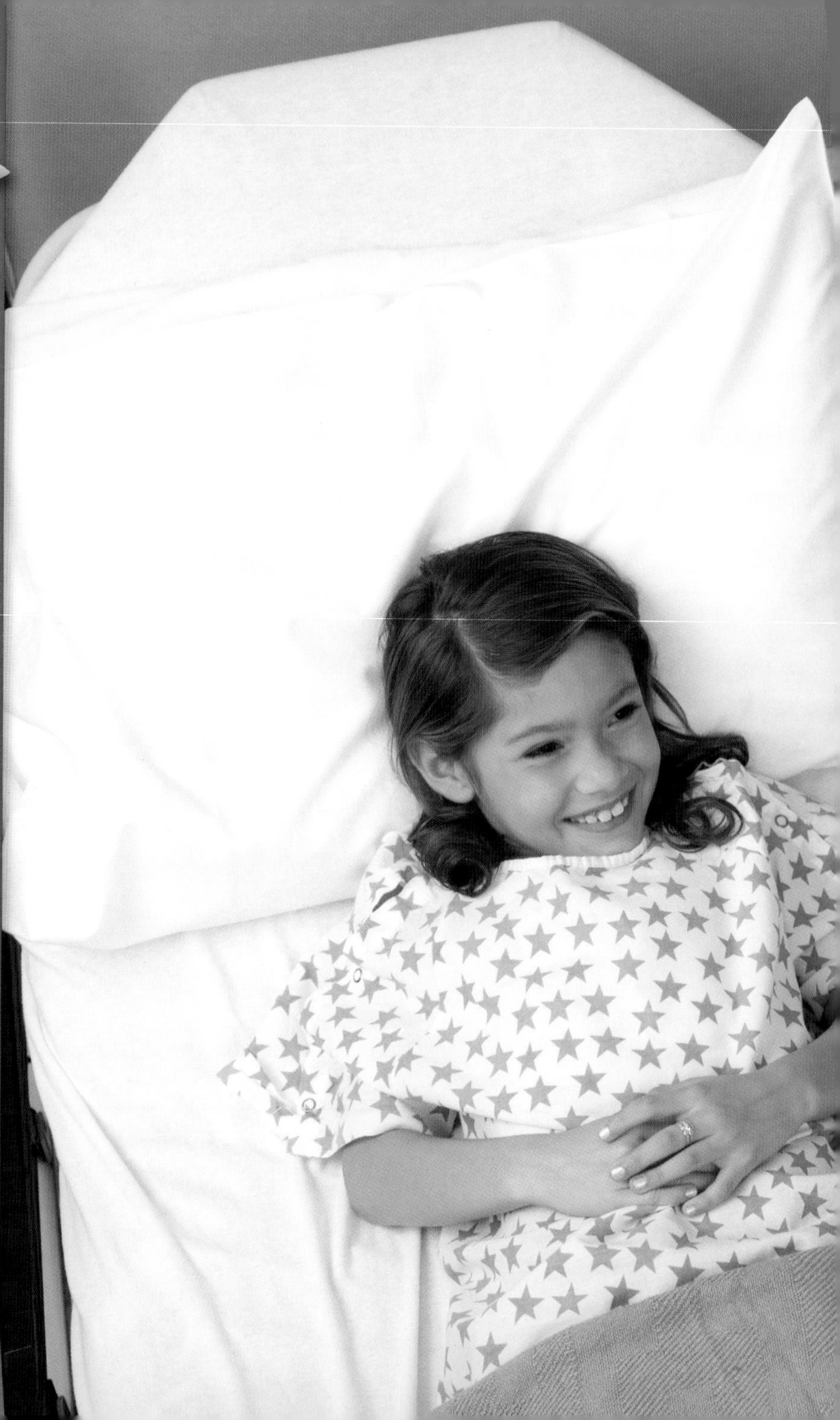

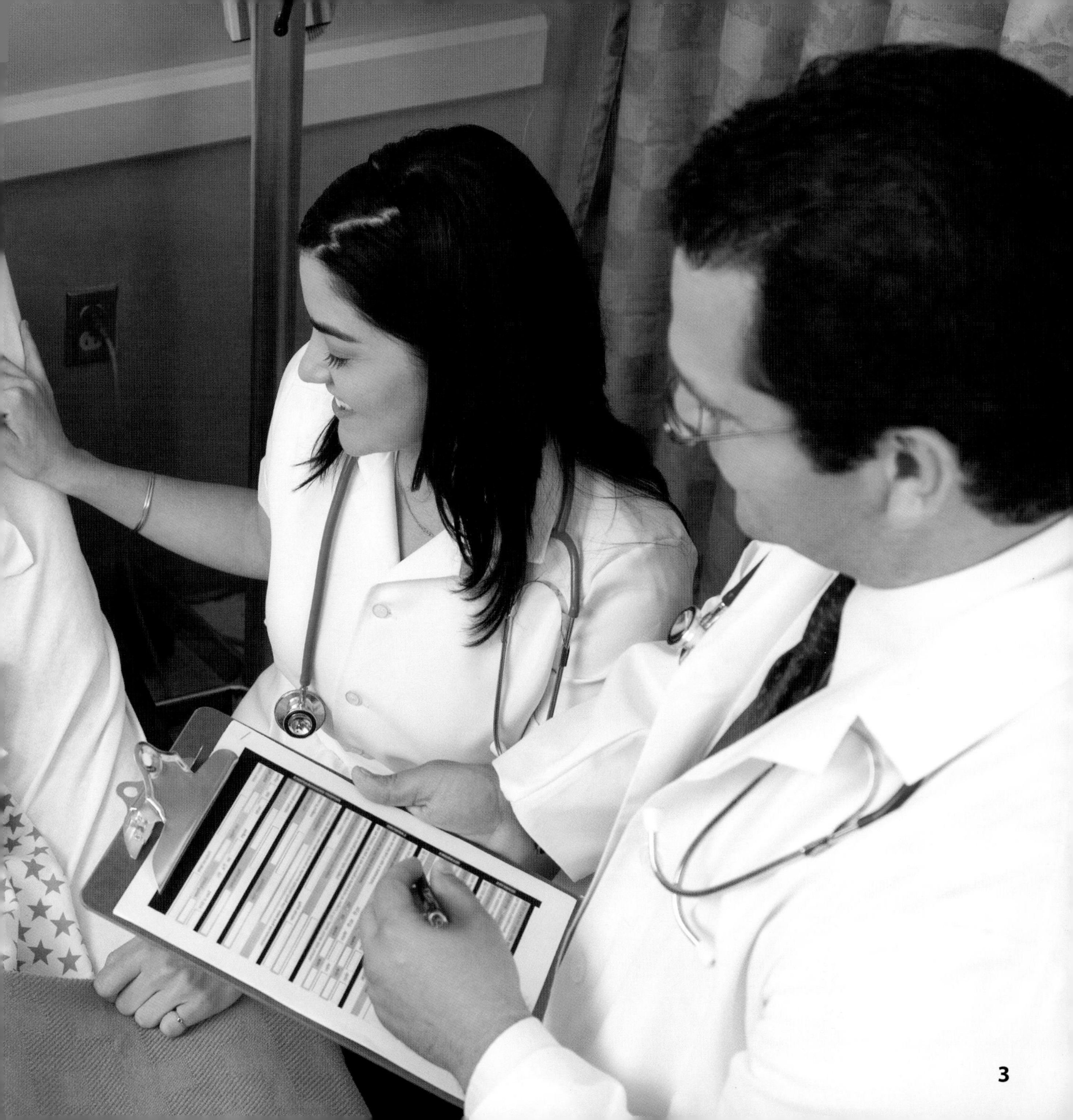

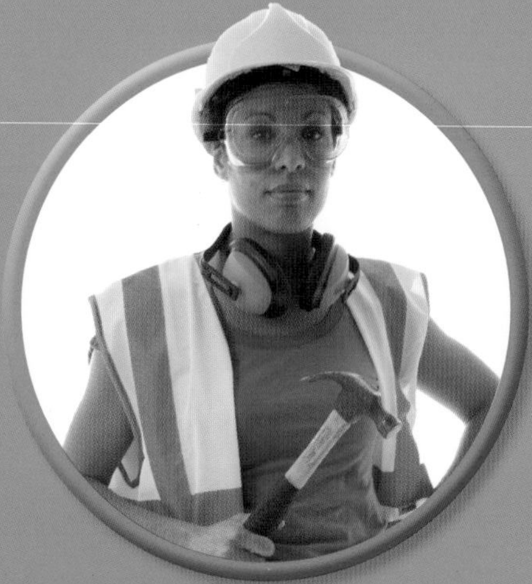
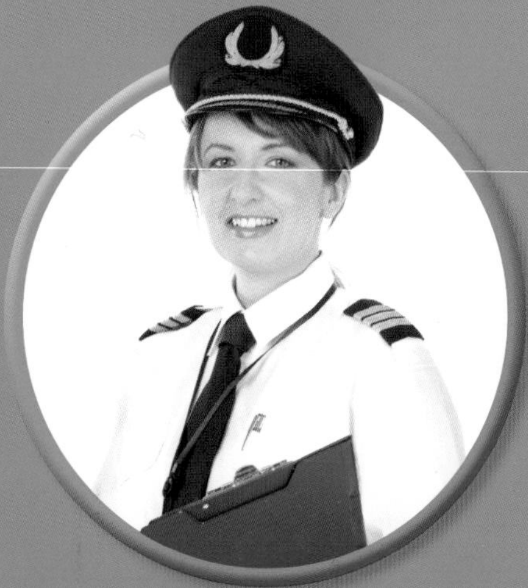
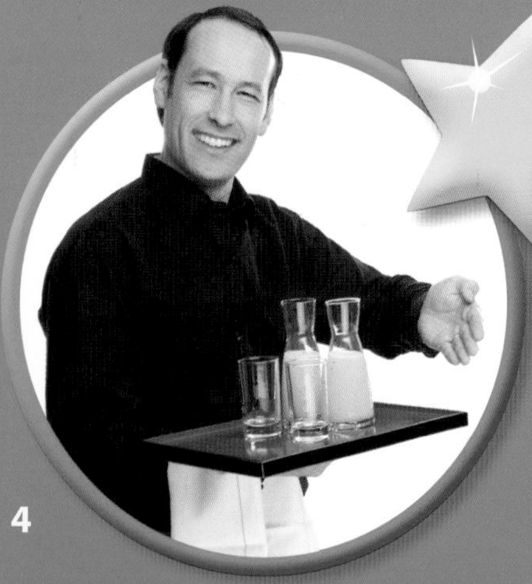
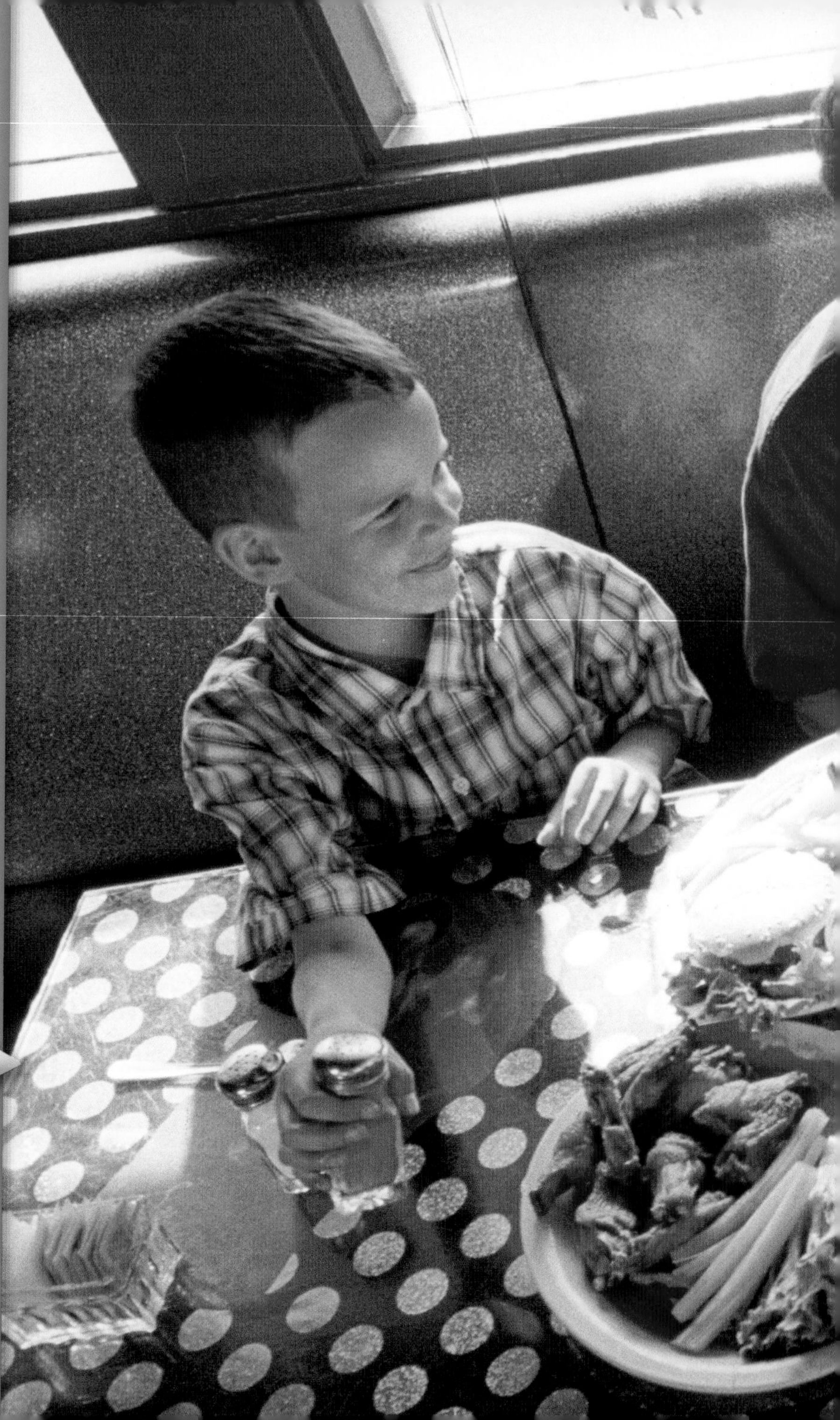

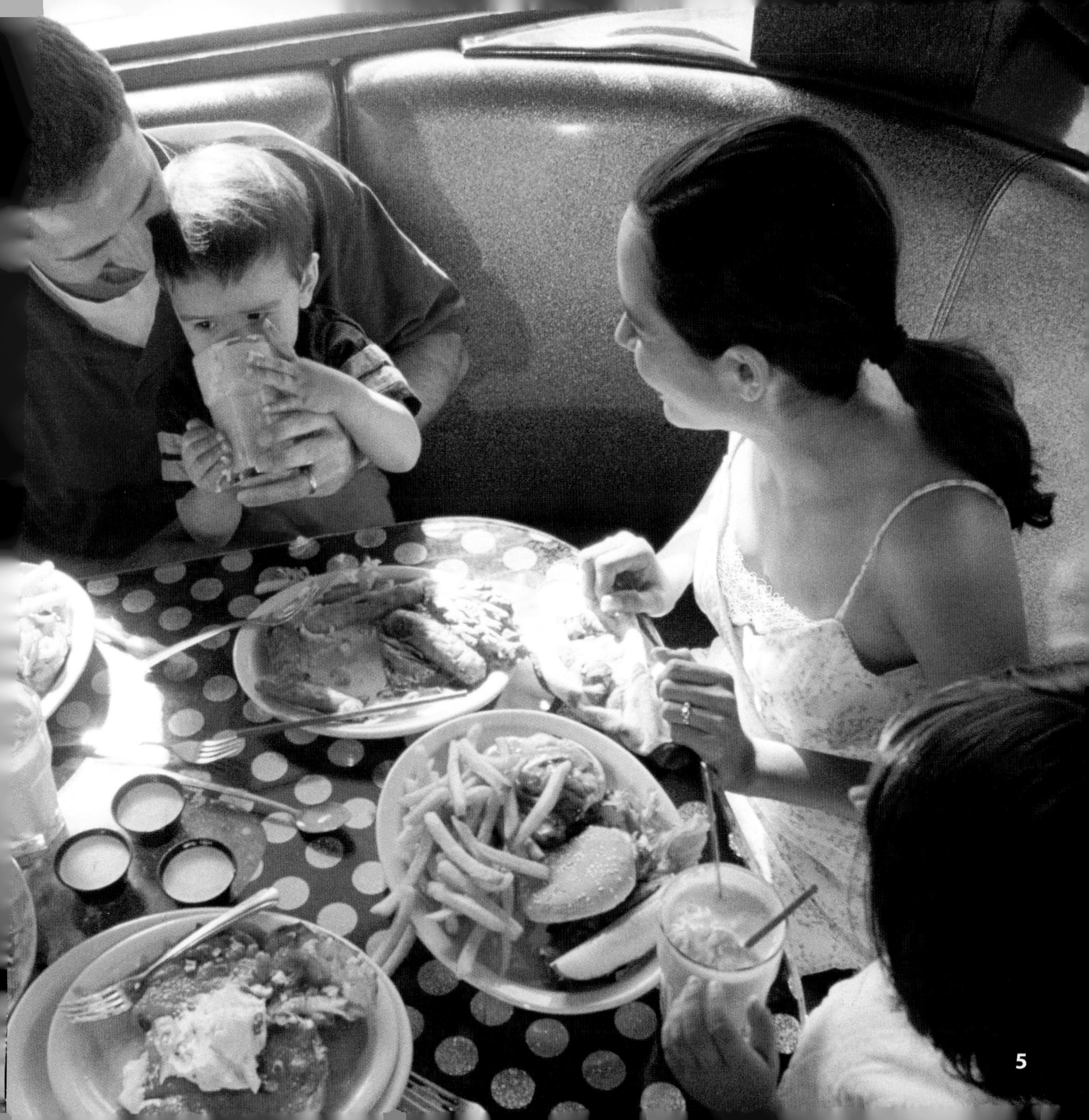

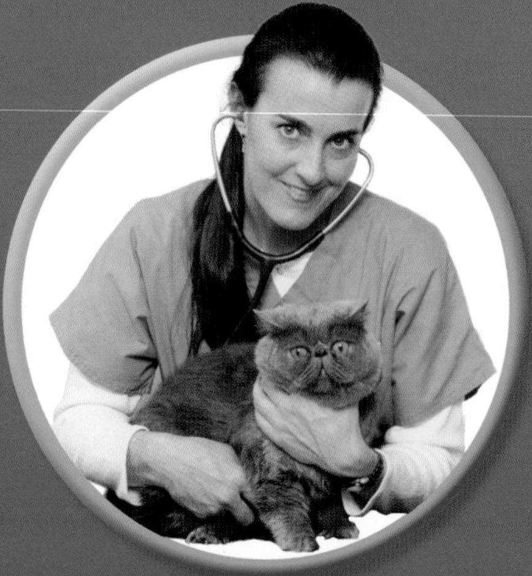

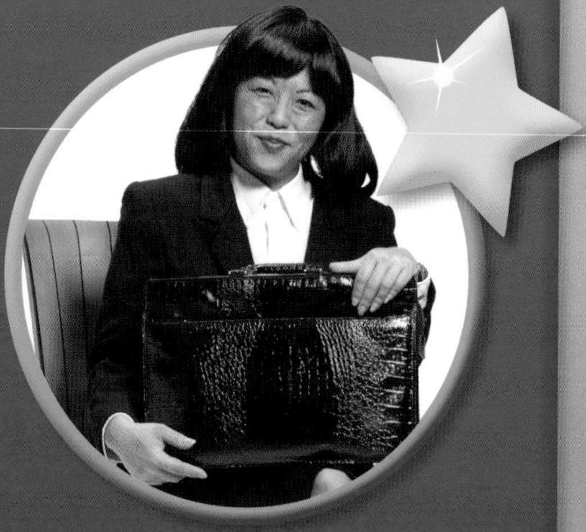

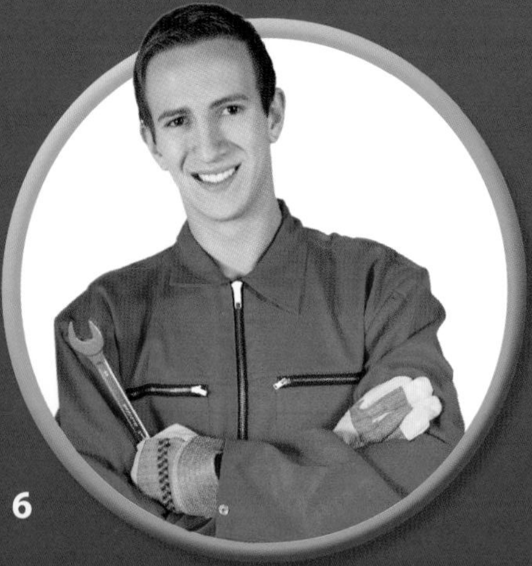

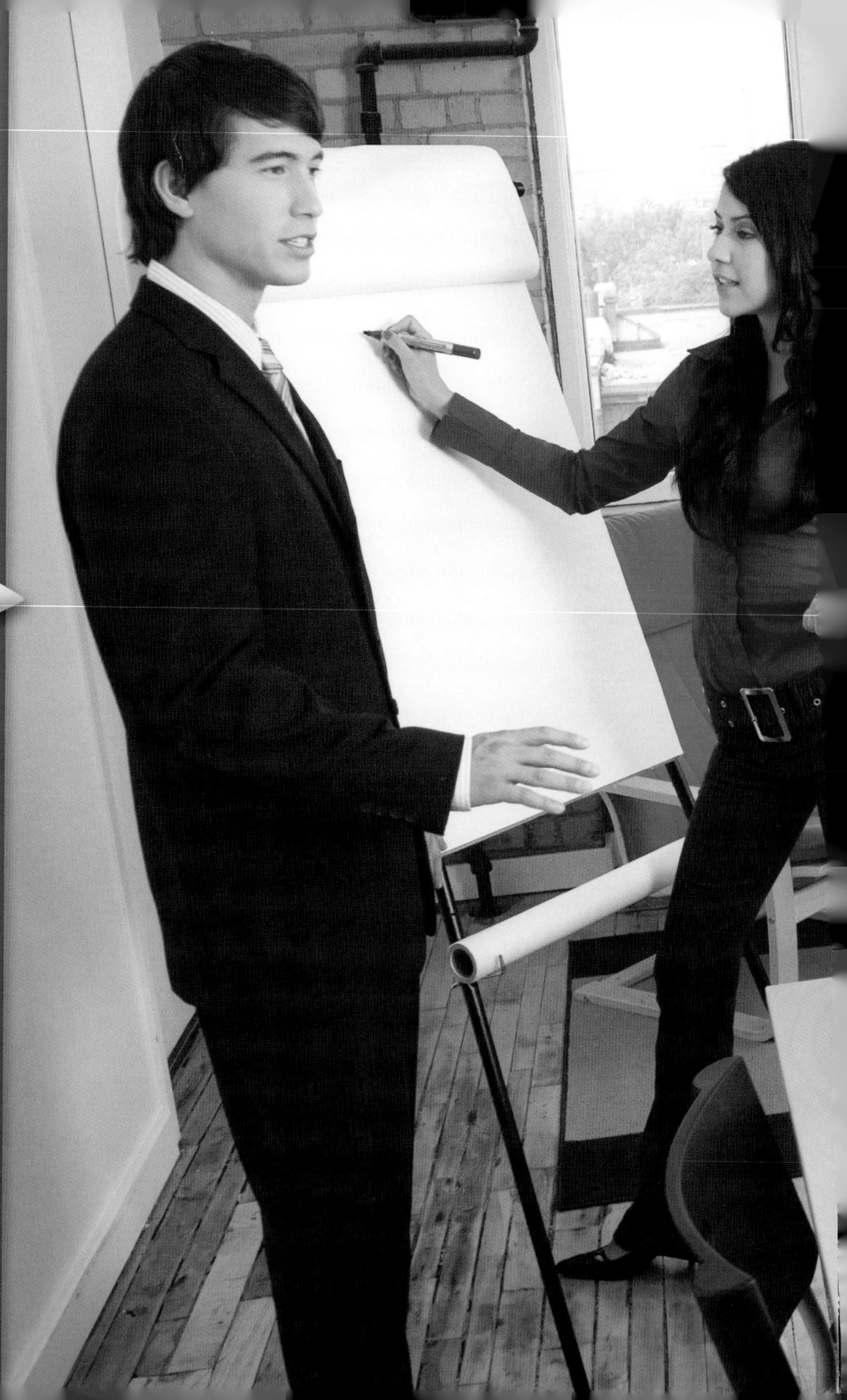

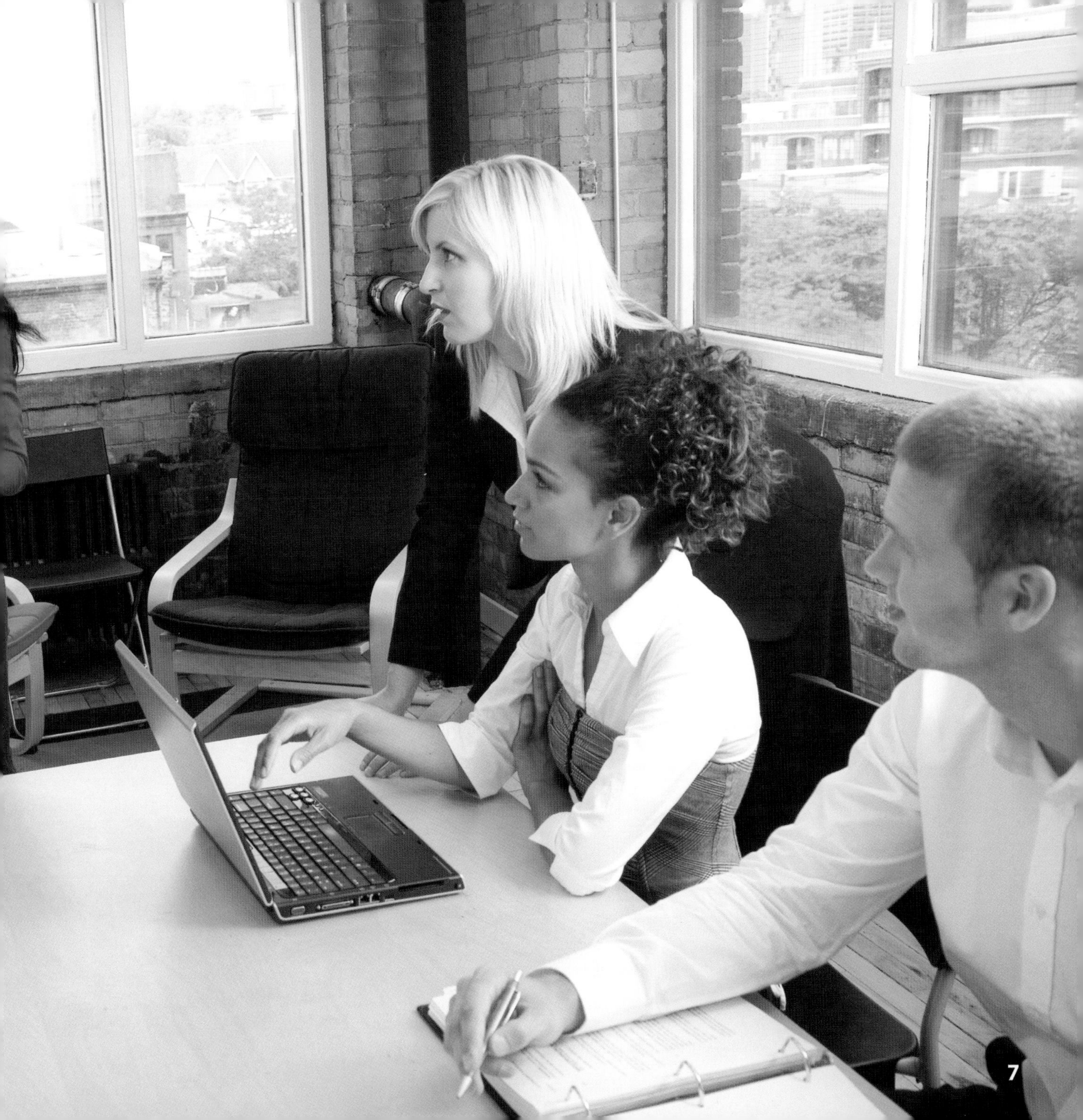

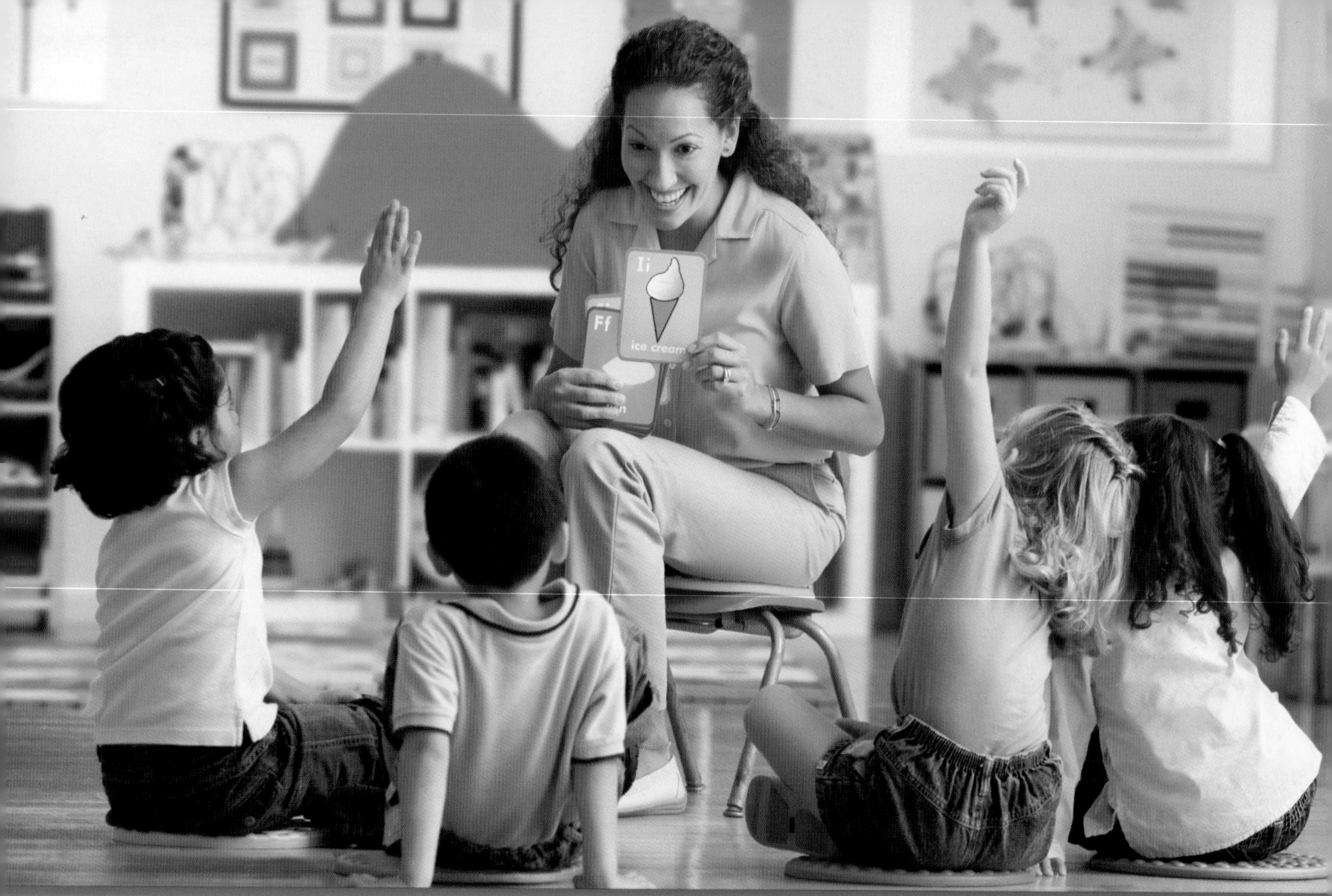
Ii
ice cream
Ff

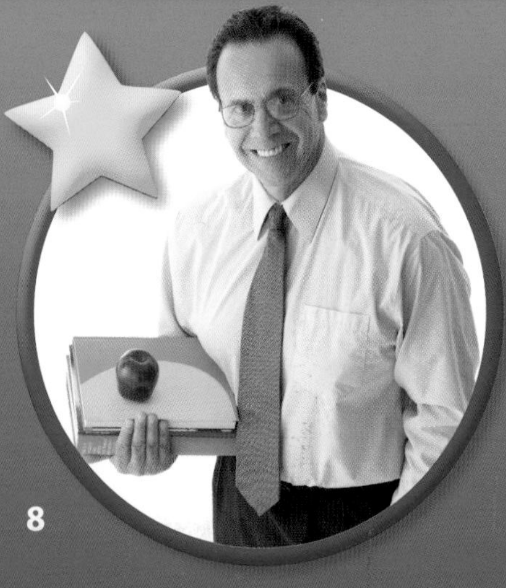

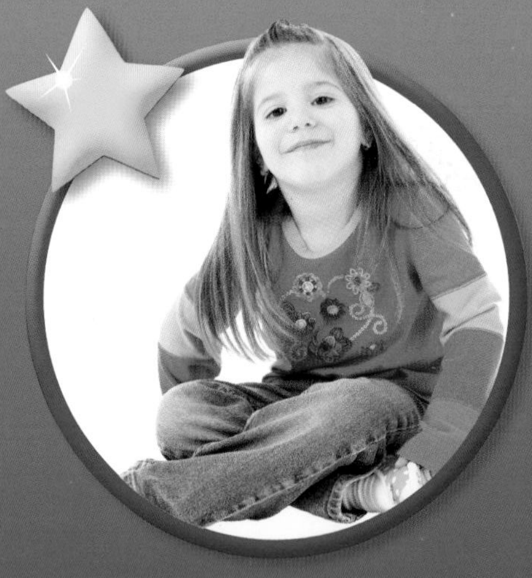

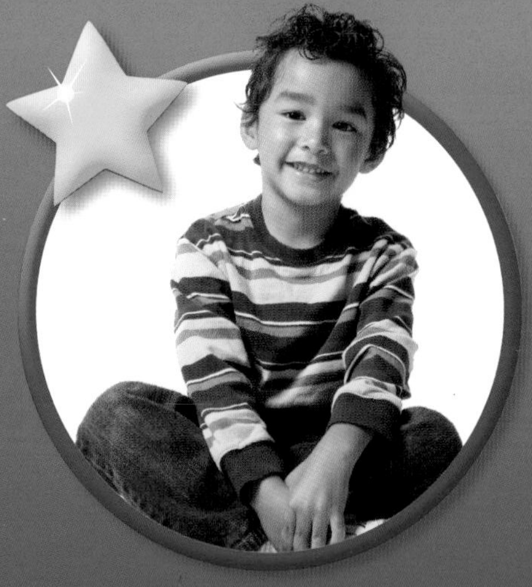